平安返乡
随行手册

本书编写组◎编

中国工人出版社

前 言

“独在异乡为异客，每逢佳节倍思亲。”家，是温暖的港湾；家，是心中的温房。没有一种感情比亲情更浓烈，没有一种温暖比得上春节回家。

在回家之前，在外打拼的朋友往往还要考虑以下问题：选择哪种交通工具回家，回家前有哪些准备工作，回家途中要注意哪些安全事项，过节在家需要注意什么事项……这些也是全国各级工会和交通部门较为关心，并致力为广大在外务工人员提供便利和帮助的重要工作。

这本小书作为旅途中的读物，涵盖了出发前的准备、旅途中的安全、旅途中的应急、旅途中的休闲以及春节习俗和食俗，以小问题配漫画的形式呈现，旨在为异地务工的朋友返回家乡提供一些便利。

旅途平安方能和全家人过一个安全、快乐的春节，希望这本小书对你有所裨益，预祝春节快乐，阖家团圆。

电信诈骗安全防御意识测试

你在生活中有没有遇到过电信诈骗？你掌握多少防范电信诈骗的知识呢？下面的20道题，请你逐题认真阅读，每道题有3个备选项，请选择一个跟你实际情况最接近的选项。

1. 如果有陌生人要求加你微信好友，你会怎么办？

A. 都加为好友 B. 陌生人一律不加

C. 问清是谁再加为好友

2. 你的手机是否设置了密码锁屏？

A. 太麻烦了，没有设置

B. 设置生日或者连续数字为密码

C. 设置图形或无规律数字为密码

3. 如果你的手机丢失，第一时间你会想到什么？

A. 真是太倒霉了，明天补卡换新手机

B. 先通过客服挂失手机号

C. 挂失手机号并冻结网银，解绑与手机号绑定的支付宝、微信等支付方式

4. 你的手机有安全软件吗？

A. 不知道　　B. 没有　　C. 有

5. 接到陌生电话，对方让你猜猜他是谁，你会怎么办？

A. 回忆　　B. 挂断

C. 随口编一个名字试探一下

6. 收到中奖短信，你会怎么办？

A. 看看怎么兑奖　B. 找人商量下再作决定

C. 删掉

7. 如果 ATM 出现英文界面，你会怎么办？

A. 不知所措　　B. 凭借中文界面印象操作

C. 联系银行工作人员，寻求帮助

8. 当需要复印身份证时，你会怎么办？

A. 直接交给对方复印　B. 问清用途再复印

C. 问清用途，并且在复印件上注明

9. 你知道你所用银行的客服电话吗？

A. 不知道　　B. 有印象，用时再查询

C. 知道常用的

10. 当对方自称是“机构工作人员”时，你是否会相信？

A. 对方电话是对的，那就相信　　B. 不信

C. 看内容而定

11. 当你收到有威胁内容的信息，并让汇款到指定账户，你会怎么办？

A. 不想惹事上身，跟家人打电话商议汇钱

B. 对陌生短信置之不理

C. 猜测是诈骗，打电话报警

12. 如果有朋友跟你借钱，你会不会借？

A. 只要是朋友用 QQ 或微信发来的，都会帮助

B. 根本不借

C. 必须当面确认或者多渠道核实身份才借

13. 当你接到称孩子受伤住院的电话，你会相信吗？

A. 赶紧救人，不管别的

B. 自己打电话去和学校核实

C. 只有自己熟悉的老师通知才相信

14. 如果在交友网站上认识的人骗了你的钱，你会怎么办？

A. 将此人的 QQ 号、手机号码全部删除

B. 非常着急，通过各种渠道寻找此人，试图找回被骗钱款

C. 拨打 110 报警，并提供详细联系方式

15. 收到的手机验证码，你会告诉其他人吗？

A. 会 B. 不知道 C. 不会

16. 当你刚刚买完车，就接到了购车退税好消息的电话，你会怎么做？

A. 赶紧交手续费领钱

B. 向周围亲友咨询是否有此政策

C. 直接挂掉电话

17. 当接到称你的号码涉案，让你按指示将钱款转移到安全账户的电话，你会怎么办？

A. 即刻与其联系，按照指定步骤汇款

B. 向对方详细了解更多情况

C. 对该短信置之不理，同时告诫周围好友注意防范

18. 当你买完飞机票，却收到航班延误的短信通知，你会怎么办？

A. 打对方提供的电话进行退票

B. 上网搜索一下相关信息

C. 向航空公司官方客服进行电话核实

19. 某日，你手机收到了一条告知你的网银需要升级的短信，你会怎么办？

A. 确保安全，马上按照短信要求进行升级

B. 怀疑是诈骗短信，但还是点击短信中的链接看一看

C. 先拨打银行官方电话进行核实了解，看是否真的需要升级

20. 每次收到快递之后，你是怎么处理快递包装盒的？

A. 直接丢掉

B. 将快递单上的信息画几笔后再丢掉

C. 将快递单上的个人信息撕毁或涂黑后丢掉

结果分析：

上述测试中，选项 A 计 4 分，选项 B 计 2 分，选项 C 计 0 分。得分越低说明你对于个人信息的安全意识越高，个人信息泄露的可能性较低，能够在根源上防范电信诈骗。如果得分高，就说明你在日常生活中不太注重个人信息的保护，你的个人信息很容易被泄露并被不法分子利用。

目　录

一、出发前的准备

二、旅途中的安全

三、旅途中的应急

四、旅途中的休闲

五、春节习俗和食俗

六、居家安全

一、出发前的准备

1.安置好工作地点的个人物品

检查水电，建议关闭所有电源，拧紧水龙头。

将晾晒在外的衣服、被褥等物品及时收回，放好。

处理残留食品，倾倒垃圾，将容易落灰尘且不好打扫的地方适当遮盖。

检查门窗是否锁牢，以免物品丢失或造成其他不必要的麻烦。

2.购买车票

提前关注订票信息，了解自己可以乘坐的各次火车的车票预售期，提前凭身份证实名订票。

可以通过 12306 火车票订票官网、95105105(外地订票需加拨出发地区号)电话订票、窗口订票等多种形式购买车票。

3.置办年货及礼物

适当购置年货，可选择从当地购买一些特产带回老家。

准备礼物前，最好先列一个详细的清单，按照清单购买，并分别放好，以免临时慌乱。

家中有未成年人的，可以提前准备好红包和外观较新的相应金额的纸币作为压岁钱。

家中父母年迈体弱的，可以为他们准备一些保健品以表孝心。

4.调整身体状态

出发前几天应保证有规律的休息和充足的睡眠，睡眠不足容易引发记忆力衰退、精力不集中、晕车等症状。

如果是长途旅行，出发前几天还应保证身体的营养均衡，注意补充维生素。

如果患有感冒或其他疾病，应在出发前及时诊治，备好药量。

5.不携带危险物品进站、乘车

危险品禁止带上火车。常见的危险生活用品有：管制刀具、打火机、散装白酒、香水（花露水）、指甲油、染发水、酒精、冷烫液、火柴等。更不能携带雷管、鞭炮、汽油等违禁物品上车。

6.检查回家的物品

将最重要的东西，如身份证和车票、手机（及充电器）、钱包、钥匙先检查好，并放在安全的地方。

根据行程的长短，准备好充足的食物和水。

尽量轻装出行，只携带必备的衣物、日用品等。

随身携带的物品较多时，最好在出行前做好明显、牢固的标记，以免发生错拿、漏拿。

7.提前前往车站

有的城市有多个乘车站点，出发前应根据车票信息，确定好站点，并预估去往车站的时间。

尽量比预订的时间提前出发，以免因为堵车及进站安检等耗费太多时间而误了车次。

8.自驾返乡前做好检查

开车回家前，记得带齐文本证件，包括身份证、驾驶证、车辆行驶证、车辆保险单、各种人身保险单/卡(意外险、医疗险等)。

重要证件要贴身携带保管。有的省市车辆保险只涵盖本省范围，出行前务必询问清楚，必要的话办一个出省的附加险。

自驾车途中如果有孩子同行，应将孩子放入安全座椅，不能抱在怀里。因为当车辆急刹车或是紧急情况时，人的下意识反应很难将孩子安全地抱住，可能发生不必要的悲剧。

出发前需要查询途经地的天气情况，雨雪天气行车会有很多不安全因素，应尽量避开。

自驾路途遥远时需要携带以下常备工具：导航仪、行车记录仪、备用轮胎、火花塞、牵引绳、备用油桶、应急灯、警示牌、千斤顶、钣子等。

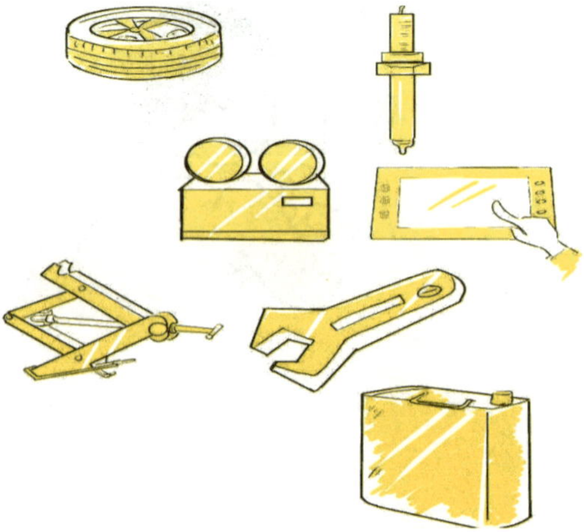

二、旅途中的安全

1.拼车

拼车者最好是熟人。当与陌生人拼车时，要注意预防骗子或劫车者，车主和乘车人有必要互相了解对方的真实身份及联系方式。

车主和同车人应分别将了解到的对方信息发送给至少一名亲友，以备出现问题后联系使用，并应有意让拼车者知道这个情况。

搭车人应事先了解驾驶员的技术水平、所用车型，以及有无长途驾驶的经历，如只有在城市道路和高速公路上分道行驶的经验，就难以处理较为复杂的路况。

车主对于没有驾驶过所乘车型的同车人，尽量不要让其参与驾驶。

路程不宜超过 10 小时，不赶夜路。避免心急赶路和疲劳驾驶。合理安排休息。

不要在途中向同车不熟悉的人炫耀自己携带财物的情况。

女性车主或乘车人应有熟悉的成年男性亲友陪伴。

建议拼车前给自己上一份相应的人身意外保险。

2.车站候车

如果买了凌晨的车票，可能需要在火车站过夜，要提高警惕，将财务放在视线范围之内，如果几个人结伴的话，可以轮流睡觉。

如有人故意前来搭话，详细询问你的行程，有空座位不坐故意与你挤在一起，也需要提高警惕。

3.有序检票

有序排队检票，避免因拥挤引发踩踏事故。

检票时要查票、证、人是否一致，不一致的不能进站上车。

4.站台候车

注意收听站内广播，避免漏乘。可根据进站通道或站台电子屏幕显示的火车信息到指定的站台排队候车。

按照车站的引导牌或工作人员的引导在指定车厢安全线以内排队等候。

带小孩的乘客，需要照看好自己的小孩，不要让其在站台上奔跑嬉戏，以免发生危险。

5.行李别弄丢

将自己的包裹和行李箱放在自己可以看到的地方，以确保财物安全。

不能相信那些借老乡之名上前套近乎的陌生人，更不能轻易把物品交给他们。

即使没有座票，也尽量将行李放置到行李架上，而不是车厢门后。车厢门口便于小偷行窃后迅速逃离，所以是盗窃的多发地。

下车时，要提前准备好行李，以防止行李漏拿、错拿。

6.贵重物品保管好

在火车站、汽车站，换乘公交或排队等待出租车时，此时要小心手机和钱包等物品。

重要物品，如钱包、身份证、证书、电脑和重要的文件等，尽量装在小包里贴身存放。

在火车上，去接水或者上厕所时，贵重物品要随身携带。

路上尽可能少带现金，可以带银行卡，随用随取。如果身上现金过多，建议分开放置，路上需要用到的钱可单独放在零钱袋。

不要随意显露个人财物，现金和贵重物品不要放在裤子后口袋和上衣口袋内。在上下车时，要特别留意周边是否有人在故意挤你。

7.陌生人搭话

不要向陌生人透露太多个人信息，比如名字、生日、年龄、工作地点等，以免这些信息被居心不良的人利用。

不要轻信主动与您攀谈、要求与你进行合作的陌生人，更不要把家庭电话告诉他人，以防你踏上旅程之后，不法分子向你的亲友诈骗钱财。

不要吃陌生人给的东西。特别是不要吸、食、饮用陌生人提供的香烟、食品和饮料，以防发生麻醉抢劫或其他意外。

8.远离现场诈骗

骗子团伙通过角色扮演，用一些价值较低的外币或假币冒充欧元或美元欺骗乘客购买，然后批次下车脱身。

骗子可能佯装借手机或欣赏手机，记住你的联系电话，然后通过打电话给你的家人、朋友，骗说你生病或发生意外，要他们汇钱到指定账户。

价格讹诈的常见形式有，吃饭前说两元钱，最终结账时变成“一勺两元”；从货架前经过时，商店人员推倒货架，却向你索赔。

“老乡”陷阱是以同乡身份套近乎骗钱，造成的损失往往是不可挽回的，因此，不能轻易相信所谓的“老乡”。

9.谨防电信诈骗

退款退票。骗子假冒铁路部门客服人员，以办理“改签车票”“退票退款”为借口骗取购票人的验证码，或直接指引购票人进行资金转账。

抢票软件。不少“抢票软件”可能同时携带了木马病毒程序，会偷偷窃取购票人的账户密码等隐私信息。

假转账陷阱。有些骗子自称没有现金且周围找不到取款机，假装给你转账，让你给他现金，再以正在转账、网络不好而脱身。

钓鱼网站。高仿真的12306网站或者网上银行登录页面通常仅仅与官方网页网址存在一两个字母的差异，不细心观察很难发现，且常以短信推送的形式主动发送到用户手机上。

黄牛票。有不少旅客寄希望于购买“黄牛”票，而这些“黄牛”可能会通过网络预先付款等方式对购票人实施诈骗。

公用电脑购票。购票人在网吧等公用电脑上进行购票操作时，很容易泄露个人隐私，给骗子以可乘之机。

10.不乘超员客车

客车超员后，必然有部分乘客只能站立或挤在车厢内，在车辆行进过程中，如急转弯、刹车，容易发生“磕伤”事故，对缺乏防护能力和自救能力的孩子更容易造成伤害。

客车超员时车辆超出其载重量，会增加驾驶人在行车过程中的不稳定性。车辆在超员状态下，载重量增大，车辆惯性加大，制动距离加长，危险性也相应增大。

如果客车严重超员，容易因轮胎负荷过重引发爆胎、突然偏驶、制动失灵、转向失控等问题，引发交通事故。

11.下车出站时

沿途一些停靠站由于不是封闭式车站，可能有小偷在站台上趁旅客下车时盗窃旅客的物品。因此，到站后应尽量减少下车，如需下车购物也要多加小心。

火车快到站时，在检查好座（铺）位、小桌、行李架等处，并清点自己的物品后，才可下车。

下车后注意看提示牌，一般在高处都有醒目的提示牌，出站时需要验票，要先把票拿在手上。

如果没有人接你，最好到车站指定位置乘坐出租车、地铁或者公交车，切忌乘坐出站口私人无照经营车辆或随热心陌生人住宿。

12.自驾车行驶中

行车途中，随时注意观察车况，发现车况异常即时处理，做到防患于未然。

驾车远行途中，如在陌生或人烟稀少的情况下，突发交通事故或有陌生人拦车，应提高警惕，不轻易开门下车，注意观察，防止恶意碰瓷或盗抢行为的发生。

不要等油耗光了再加，看到加油站提前加油；如果路途较远且远离公路，最好备 1~2 个携带安全的铁制汽油桶。

开车回家时，最好有两辆以上的车同行，一旦有事可以互相照应。

13. 自驾车停车休息

在产生疲劳信号时就近停车，在车周围散步至少 10 分钟。如果仍然觉得累，最好在车里眯一会儿，直到疲惫感消失为止。

将车停放在有人看管的正规区域，并且索要发票凭证。即便没有正规停车场，也要将车停在人员相对集中的区域。

晚上停车的时候，锁好车窗、车门，随身携带贵重物品。

一旦车坏在半路，可考虑用拖车拖走。

也可拨打当地 114 电话查询汽车救援号码请求救援。

14.怎样照护老人

外出路途上切勿让老人离开自己的视线范围，在人多拥挤的地方，还应搀住老人，以防老人走失。

应携带一些防治慢性病的药，防止晕车、晕船和止泻、消炎或通便的药以及伤湿止痛膏、酒精、药棉、红药水之类的药物和用品。

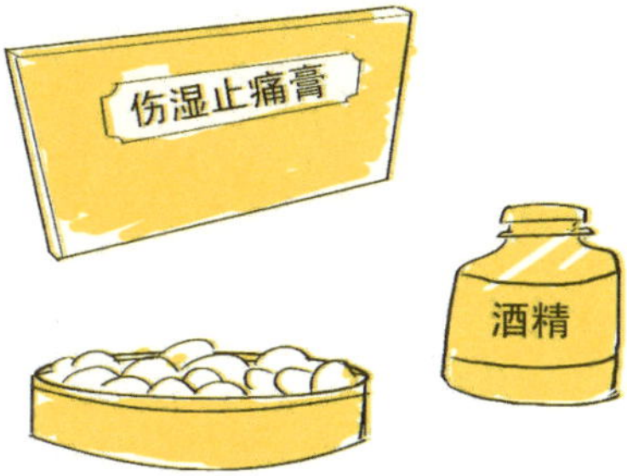

老年人体力消耗比较快，因此，应让他们保证休息，不透支体力。

应提醒患有颈椎病或类似疾病的老年人，乘车时不要将臂膀倚靠在车窗玻璃上，应与车窗保持一定的距离，保护好肩、臂部，以防风寒。

15.怎样照护小孩

上下车搬动行李或去卫生间时，不要让孩子在原地等待，以防被陌生人抱走，最好带着孩子。

一旦孩子走丢，切忌慌乱，建议先做到以下三点：一是第一时间联系车站工作人员，必要时报警；二是留意车站广播，或许工作人员已经找到了孩子；三是切勿盲目跨站寻找，以防错过寻找孩子的最佳时机。

有晕车、晕船现象的孩子，建议孩子乘车前不要食用油炸或高脂肪的食物。在火车上吃饭，不可吃得过饱，并应吃容易消化的食物。

长途旅行时，还要注意给孩子补充水分，可以随身带一个保温水杯。尽量少给孩子吃生冷的食物，如冰淇淋、酸奶、生冷水果等。

应尽量避免让孩子到处乱摸车上的东西，并且不要让孩子直接用手接触食物。除此之外，还可以给孩子戴上手套。

春运期间，车厢内温度一般会比外面高，最好为孩子带两件穿脱方便的薄棉外套或马甲。孩子睡觉时，父母可以用干净的毛巾垫在铺位的枕头上。

长时间的旅途，孩子很容易疲惫、哭闹、耍脾气，家长可以事先带上孩子平日爱玩的小玩具、爱看的绘本，让孩子有事可做。

因火车车厢内人多、空气差，空调温度也不如家中稳定，孩子抵抗力弱，很容易被传染感冒、咳嗽等。所以，最好带一些感冒药、咳嗽药、风油精之类的药品，以备不时之需。

三、旅途中的应急

1.晕车

有晕车史的人，于上车前 10～15 分钟吞服胃复安 1 片，晕车严重的可服 2 片，以防晕车。行程 2 小时以上又出现晕车症状，可再服 1 片。途中临时服药，应在服药后站立 15～20 分钟后再坐下，以便药物吸收。

行驶途中将鲜姜片拿在手里，随时放在鼻孔下面闻，使辛辣味吸入鼻中。也可将姜片贴在肚脐上，用伤湿止痛膏将其固定。

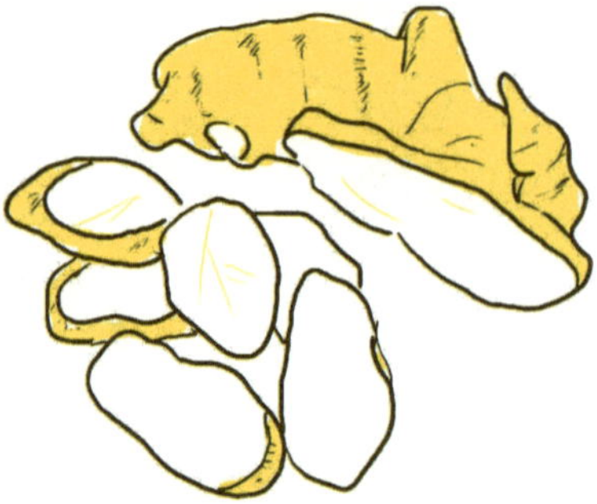

乘车前 1 小时左右，将新鲜橘皮表面朝外，向内对折，然后对准鼻孔挤压，橘皮中便会喷射出带芳香味的油雾。可吸入 10 余次，乘车途中也可照此法随时吸闻。

旅行前如果睡眠充足，精神就好，可提高身体免疫力，不易晕车。

上车前不宜过饥或过饱。建议只吃七、八分饱，尤其不能吃高蛋白和高脂食品，否则容易出现恶心、呕吐等症状。

尽量选择比较平稳且与行驶方向一致的座位，并且保持空气流通。头部适当固定，避免过度摆动，尽量不要看窗外快速移动的景物。保持精神放松，也可以找个人聊天，以分散注意力。

2.感冒

春运期间，人群密度大，空气不流通，再加上条件限制，很难做到勤洗手。另外，由于旅途疲劳，抵抗力下降，很容易感冒。

感冒主要以空气飞沫直接传播为主，也可通过被病毒污染的物品间接传播，症状表现为发热、全身酸痛、咽痛、咳嗽等。

可以备一些中药制剂类的感冒药，同时要保证睡眠充足，增强免疫力。

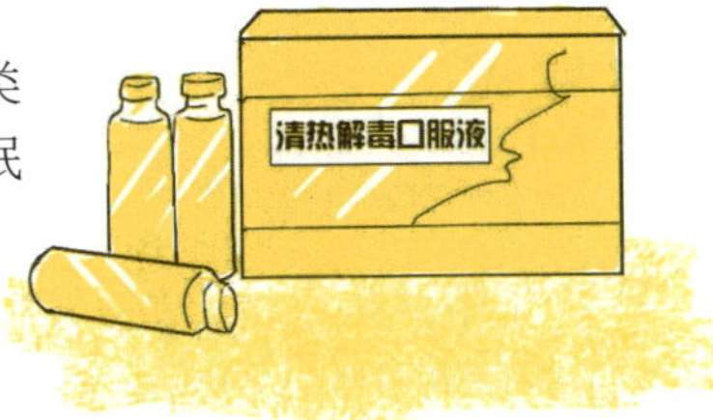

在车上要多喝水，在人群密集的情况下尽量戴上口罩，注意不要用脏手触摸脸、眼、口等部位。

不吃糖分高的食物，因为糖分会抑制白细胞吞噬病菌的能力。

到人员集中地要尽量站在空气流通的地方，避免拥挤。

3.腹泻

在长途汽车和火车上，由于车上设施不足，许多乘客会忽视饮食卫生要求，或者在车上食用冷的食物，引发消化道疾病的发生，极易引起腹痛、腹泻、呕吐等。

注意饮食卫生和尽量规律饮食是避免胃肠道疾病的前提。

在火车上吃饭前也应用香皂洗手。如果怕断水，上车前最好准备消毒湿纸巾，吃饭前用湿纸巾擦手。

不随意用手直接接触食物，尽量使用一次性杯子和碗筷，尽量不要吃冷的食物。

4.行李丢失

如果在车站内发生行李丢失，应及时向值勤民警报案。也许有人捡到交到车站，因此也可到失物招领处查看。

车站内遗失物品的招领信息通常会通过广播或显示屏播出，也可以到火车站咨询台寻求帮助。

在列车上丢失行李时，要及时报警，并与乘务员取得联系（每个车厢都有乘警的联系电话）。在火车停靠下一站之前，东西都是有可能被找回来的。

下车后发现行李物品落在列车上，应第一时间联系铁路部门，寻求帮助。丢失物品的挂失以及如何领取等问题，均需咨询负责运行列车铁路局。

5. 自驾车剐蹭

不管是蹭了别人的车还是自己的车被蹭了，首先要选择较合适的地点停车，拉紧手刹，切断电源，关掉引擎，下车查看情况。如果是夜间记得开示宽灯、尾灯警示，在高速公路上则需在车后方设置危险警告标志。

注意检查双方人员的安全状况，如果有人员伤亡或自己的人身安全受到威胁应立即报警。

仔细检查车辆状况，及时对刮擦部位、车况进行拍照记录。拍摄取景时要注意双方当事人同时在现场出现，并对车前侧、车后侧、碰擦部位进行多角度拍摄。

注意记录双方车辆信息与车主信息，记录车牌号、驾驶证、行驶证、保险证等信息对于后期事故的处理都是必要的。

在交警来之前，最好不要坐在事故车上等待救援，而应穿好防寒衣物走到高速公路护栏外，以避免发生次生事故。

在交警进行责任认定时要特别注意双方应负的责任。常见情况有：因未保持安全距离，追尾前车的，后车担责；因机动车变更车道，影响正常行驶的车辆的，变更车道方担责。

注意：先去保险理赔服务中心对车辆进行定损，在之后的修车程序中要保存好修车发票。

6.错过高速路出口

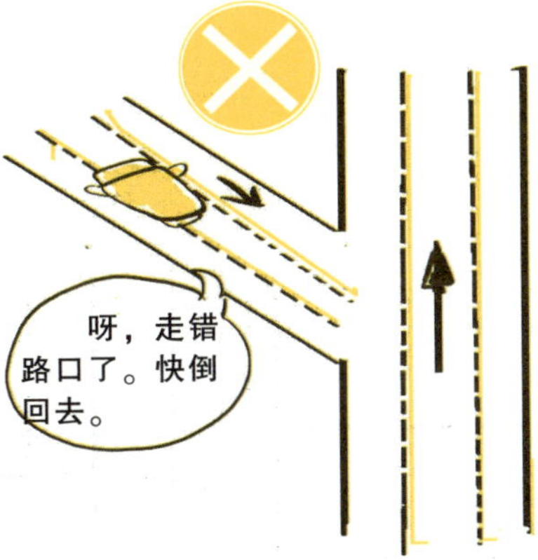

发现走错路口后不能慌张，更不能紧急刹车减速，以免引起追尾等车祸。要保持速度继续前行，绝不可以在右车道上倒车或者违法掉头至超车道上逆行返回。

在前行中找一个最近的出口或者服务区，在出口收费站几十米之前，有一个专供走错路口司机掉头的口，可以从此返回高速，找到自己的目的分道口或出口。

一般服务区为左右对称布局，中间有一个联络隧道，只要开车穿过联络隧道进入对面服务区后，就可以驶出该服务区沿路返回自己要去的目的路口。这一方法可以节省多跑部分的高速公路费。

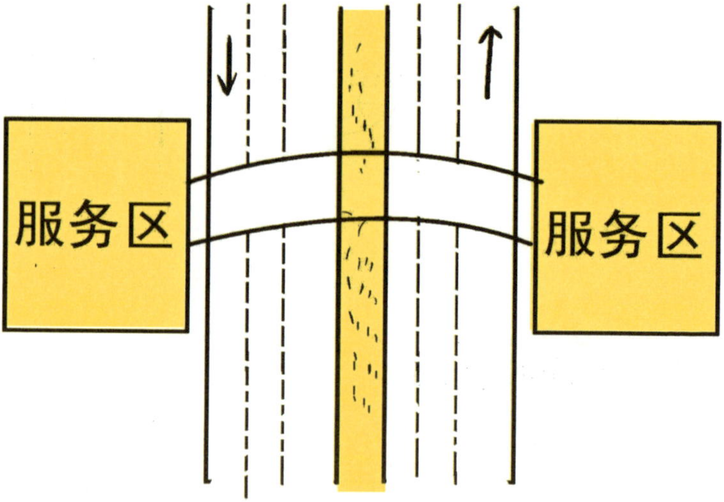

注意：发现走错路口后，要在收费站之前问路，或者在服务区内问路。千万不要往前走出收费站后，再进入收费站沿原路返回，导致多花路费。

7.迷路

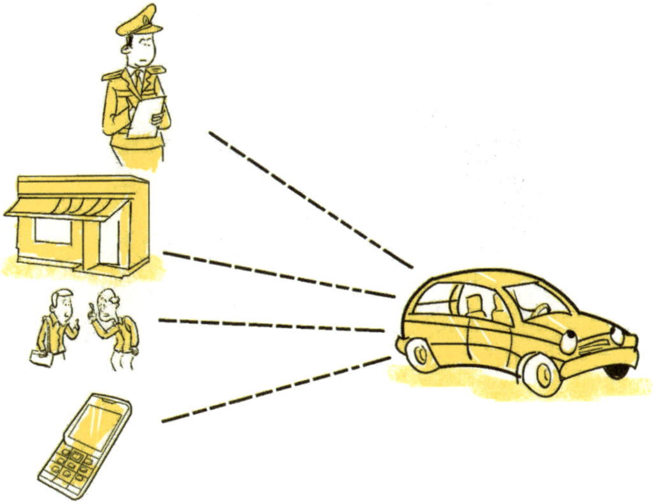

没有交警的情况下，可以观察下周围有没有报亭或小商店，进去买点小东西后，顺便问问商家。

也可以找下周围有没有环卫工人或者老人，他们应该对周围的环境相对熟悉些，前提是要尊重别人。

如果迷路之处人流量很少，也可以借助手机地图，然后再结合实际情况走。

8.头部撞伤

如果同别人相撞或跌倒撞击到头部而起个大包也许不用太担心，但若出现高烧、呕吐、痉挛或流出透明的体液(血清、脑积液)时，就要进行应急处理，并尽快去医院。

除了肿的地方，头部的其他地方也应冷敷。但有伤口时则不能这样处理，以免助长细菌繁殖。

如果从耳、鼻或口中流出血或透明的液体(血清、脑积液)，此时要将脸部摆向液体流出的方向。注意不可用纱布或其他东西将其塞住，以免细菌感染。

呕吐时，将头部侧放，以防呕吐物滞塞呼吸道。

发生痉挛时，勿任意压迫伤者肢体，应将手帕卷成筒条，塞在伤者口中，使其安静下来。

搬运伤者时要将头部固定，不要晃动。

9.磕碰出血

遇到磕碰导致意外出血时，如果只是小伤口出血，用碘酒或者红药水消消毒，找个创可贴贴上即可。如果创伤部位位于比较大的动脉或者静脉处，出血严重的，必须紧急止血。

如果是刀器、金属刺伤，不要随意将其拔出，以免导致二重损伤。

可以将伤口局部的一些脏东西，比如树叶、灰尘吹掉或擦掉，然后用随身的衣物或者毛巾压住伤口，局部进行“压迫止血”。

如果是四肢出血，可以在伤口的“向心端”，也就是靠近心脏的一方“包扎止血”。

注意：一旦采用布带、绳子捆扎止血时，必须记录扎带的时间，一般不宜超过 1 小时，以免时间过长导致肢体缺血坏死。一般每小时需放松止血带至少 5 分钟。

防范：

注意乘车安全，不要急于上、下车，以免发生摔伤及踩踏事件。

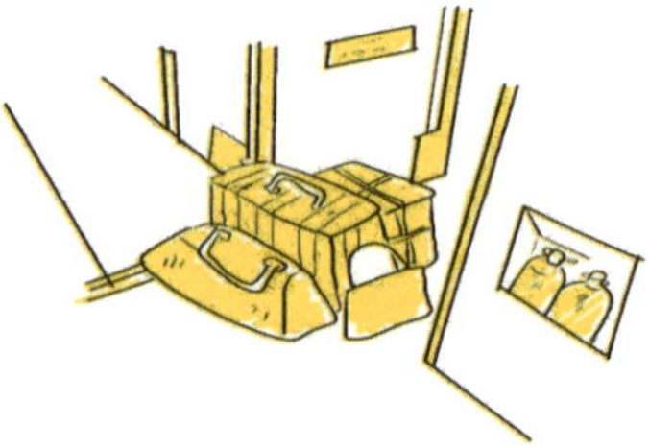

不要把行李放在过道上，以免发生意外时，影响人员疏散。

不携带违禁物品上车，特别是烟花、易燃易爆品，极易引发爆炸、燃烧等恶性事故。

留意安全通道的位置，方便突发事件发生时快速有序逃生。

10.火车停运或临时停车

火车停运或临时停车的常见原因有：出现意外，如交通事故、大雪等；旅客发生意外需要临时停车救助；火车故障需要处理；火车超速被安全系统自动停车；前方线路有危险；前方火车站没有空余站台接车；前方线路信号异常；调整运行时间等。

火车临时停车时，不要焦躁，应注意听列车广播通知，不要随便离开座位或铺位，服从列车员、乘警、列车长的指挥。

所购车次停运一般由不可抗力导致，应及时按照车站的提示办理退票或改签。

11.遇到抢劫或劫持

在不危及生命安全时，不要盲目反抗，保持冷静，与对方周旋，并尽可能地麻痹对方。

一旦找到机会，果断地脱逃并高声呼救，尽可能地记住歹徒的体貌特征或作案工具和车牌号，及时报警。

迫于无奈必须反抗时，不要畏惧，以侧身面对歹徒，注意保护头部和身体的重要部位。

四、旅途中的休闲

1.电子游戏

单机斗地主是根据斗地主规则改编的电脑或手机单机可操作游戏，无须联网。

保卫萝卜是一款很萌的游戏，防御塔多种多样，关卡丰富，想通关也没那么容易，所以不用担心火车还没到站游戏就通关了。

植物大战僵尸是种太阳，用各种植物产生的不同武器打僵尸，是一款前几年非常火的游戏。

密室逃脱类游戏也适合用来打发时间，一关一关地过下去，你自己都会忘掉时间。

疯狂的小鸟是一个为了报复偷鸟蛋的肥猪，小鸟用自己的身体当炮弹，射击肥猪堡垒的故事，属于射击类游戏。它非常的简单有趣，没玩过的话推荐火车上尝试一下。

切水果的游戏大家肯定不陌生，在火车上不断打破自己的纪录也是一件很有趣的事情。

赛车类游戏比较刺激，又可以不停地打破自己的纪录，这款游戏也可以在不知不觉中打发时间。

消灭星星的游戏是消除相同颜色的星星，不过也需要花心思才能顺利玩下去，因为每一关都是有分数要求的，消掉的星星数量越多得分会越高，如果只是不假思索地消灭星星是过不了几关的。

注意：上车前准备好移动电源；不能完全沉溺于游戏，还应当留意自己的行李。

2.纸牌

纸牌的玩法众多，且不同地域的玩法各异，应以几人协商一致为宜。

玩纸牌是为了娱乐，应尽量避免高声喧哗，以免影响他人，更不应在打牌过程中起争执、伤感情。

玩纸牌时不应赌钱，不贪图小便宜。他人赌钱游戏中，尽管周围有人参与，你也尽量不要参与，因为那些早先参与并轻松获利的人极有可能是“托儿”。

3.看电影、听音乐

尽量使用耳机，以免影响他人。

火车为公共场合，看电影、听音乐的过程中，在剧情精彩之处应尽量控制自己的情绪，不能高声尖叫，也不要大声唱歌。

4.读书

如果平时太忙没时间读书，利用火车上的时间读一些自己感兴趣的书不失为一个好的选择。既可以打发时间，又可以充实自己的内心。

火车运行过程中车身晃动的同时，字体也在晃动，眼睛容易疲劳，不应一次性看太久的书。

5.拍照

拍照时手不能伸出车厢外，否则不但相机有脱落的风险，手也容易受伤。

在车厢内拍照时，应把窗户玻璃擦干净，镜头前加偏振镜，用于消除反光。

如果厕所内的窗户可以打开，也可以去厕所打开窗户短暂拍一会儿，但也应注意安全，且不应长时间占用厕所。

6.避免抽烟

《铁路安全管理条例》第七十七条规定禁止在动车组列车上吸烟或者在其他列车的禁烟区域吸烟。

在火车上抽烟有很多安全隐患，比如列车火灾或爆炸、其他乘客呼吸系统疾病复发等。

如果在火车上烟瘾难耐，也可以选择吸电子烟。

7.睡觉

如果为硬座车票，买票时尽量买靠窗的座位，因为靠窗的座位有一张小餐桌，趴在桌上睡觉相对比较舒服。

如果座位在走廊边，可以自备一个U型枕，枕着U型枕也可以睡得比较舒服。

餐车里有桌凳，人多没座的时候可以选择去餐车休息。

春运高峰期间，火车上往往拥挤不堪，如果选择在两个车厢的连接处睡觉，切记要选择不开门的那一侧，以确保安全。

如果为硬卧车票，最好为老人、小孩选择下铺。

年轻人优选中铺，中铺既可以避免下铺人来人往的嘈杂，也不像上铺那样拥挤。

8.闲谈

在火车上闲谈时，尽量避免谈论个人或家庭情况，最好是交流下各自的兴趣见闻和各地风俗习惯。

闲谈的音量应保持在周围几个人能听到即可，声音没必要太大。

9.零食

在火车上喝饮料以纯净水为最佳，渴了就抿一小口，不要狂喝，否则会频繁地想要上厕所。

适合在火车上吃的水果是苹果，水分适量、果肉饱腹，补充维 C 的同时还可以填饱肚子。

嗑瓜子能轻松打发火车上的无聊时光，最好选择经过特别煮制的不上火的瓜子。

还可以带一些话梅、花生，慢慢地吃，用于打发无聊的时光。

路途太长且主食以甜食为主的情况下，可以买些小包装的豆腐干来补充盐分，调整口感。

注意：吃零食后及时清理壳屑等垃圾，保持车内卫生。

五、春节习俗和食俗

1.“过年”的传说

春节也叫作“过年”，根据传说，在古代“年”是一种怪兽，异常凶猛。每到除夕这天，“年”就到处吞食牲畜伤害人命。于是，这一天人们就在自家门前贴红色花、放烟花和贴红对联、贴门神，“年”看了十分害怕。从此以后，每到除夕人们就这样做，“年”就再也不来骚扰了。

2.除夕

除夕，又称大年夜、除夕夜、除夜、岁除等，是指每年农历腊月（十二月）的最后一个晚上。除，即去除之意；夕，指夜晚。除夕也就是辞旧迎新、一元复始、万象更新的节日。除夕这一天人们准备除旧迎新，吃“团圆饭”（也叫年夜饭），是春节家家户户最热闹愉快的时候。

根据《吕氏春秋·季冬记》记载，古人在新年的前一天用击鼓的方法来驱逐“疫疠之鬼”，这就是“除夕”节令的由来。

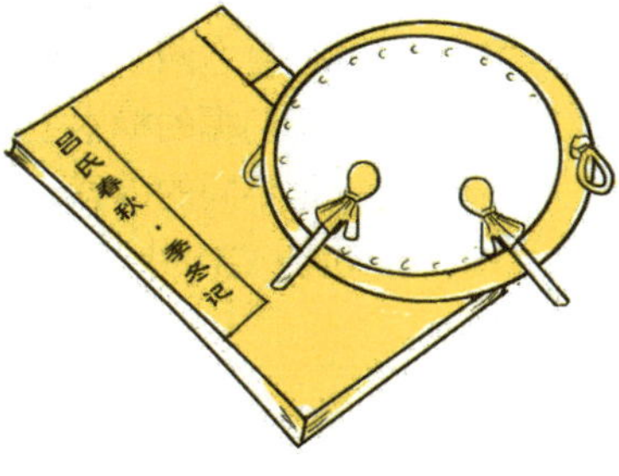

3.春联

春联也叫门对、春贴、对联，这一习俗起于宋代，在明代开始盛行，到了清代，春联的思想性和艺术性都有了很大的提高。

依其使用场所，春联可分为门心、框对、横批、春条、斗方等。

“门心”贴于门板上端中心部位。

“框对”贴于左右两个门框上。

“横批”贴于门楣的横木上。

“春条”根据不同的内容，贴于相应的地方。

“斗方”也叫“门叶”，为正方菱形，多贴在家具、影壁上。

4.祭祖

因各地礼俗的不同，祭祖形式也各异，有的到野外瞻拜祖墓，有的到宗祠拜祖，而大多在家中将祖先牌位依次摆在正厅，陈列供品，然后祭拜者按长幼的顺序上香跪拜。

我国部分地区有一种除夕上坟的风俗，称为“送年食”。上坟时间一般在春节前一天的下午，人们把做好的年夜饭，送到亡故亲人的坟上，让亡故的亲人与生者一起享用除夕夜的美食，从而寄托人们对亡故亲人的哀思。

5.燃爆竹

汉族有“开门爆竹”一说，即在新的一年到来之际，家家户户开门的第一件事就是燃放爆竹，以噼里啪啦的爆竹声辞旧迎新。

爆竹是中国特产，亦称“爆仗”“炮仗”“鞭炮”。其起源很早，至今已有两千多年的历史。放爆竹可以创造出喜庆热闹的气氛，给人们带来欢愉和吉利。

6.吃年糕和饺子

北方地区在除夕有吃饺子的习俗，饺子的做法是先和面，“和”字引喻为“合”；饺子的“饺”和“交”谐音，合和交有相聚之意，又取更岁交子之意。

在南方有过年吃年糕的习惯，甜甜的黏黏的年糕，象征着新的一年生活甜蜜蜜，步步高升。

7.压岁钱

压岁钱，又称“押岁钱”“守岁钱”。压岁钱最初的用意是镇恶驱邪。人们认为小孩容易受鬼祟的侵害，所以用压岁钱压恶驱邪，帮助小孩平安过年，祝愿小孩在新的一年健康吉利。

压岁钱起源于汉代，春节拜年时，长辈要将事先准备好的压岁钱分给晚辈。据说压岁钱可以压住邪祟，因为“岁”与“祟”谐音，晚辈得到压岁钱就可以平平安安度过一岁。

8.守岁

守岁，我国民间在除夕有守岁的习惯，俗名“熬年”。守岁从吃年夜饭开始，这顿年夜饭要慢慢地吃，从掌灯时分入席，有的人家要一直吃到深夜。

根据《荆楚岁时记》的记载，南北朝时已有吃年夜饭的习俗。守岁的习俗，既有对如水逝去的岁月暗含惜别留恋之情，又有对来临的新年寄予美好希望之意。

9.拜年

拜年的方式多种多样，有的是同族长辈带领若干人挨家挨户地拜年，有的是同事相邀几个人去拜年，也有大家聚在一起相互祝贺，称为“团拜”。

由于登门拜年费时费力，后来一些上层人物和士大夫便使用名帖相互祝贺，由此发展出来后来的“贺年片”。

春节拜年时，晚辈要先给长辈拜年，祝长辈长寿安康，长辈可将事先准备好的压岁钱分给晚辈。

10.逛庙会

逛庙会是大多数中国人的春节情结，更是一种不可缺少的年俗。春节庙会最早是民间的宗教仪式，庙会之时，通常由僧人、道士做“法事”或“道场”以祭祀神佛，人们也要进香朝拜、许愿、还愿、求福。

庙会期间通常会有商贩叫卖、民间艺术表演，许多历史悠久的传统项目都深受老百姓喜爱，比如，舞狮、舞龙、扭秧歌、踩高跷、跑旱船等。

11.舞狮

相传明代初年，广东佛山出现一头怪兽，每逢新旧岁之交，便出来糟蹋庄稼，伤害人畜，百姓叫苦连天。后来，有人建议用狮舞来吓唬怪兽，果然奏效，怪兽逃之夭夭。

当地百姓认为狮子有驱邪镇妖之功，有吉祥之兆，所以每逢春节便敲锣打鼓，挨家挨户，舞狮拜年，以传达消灾除害，预报吉祥之意。

12.破五

农历正月初五，俗称破五。这一天，有一种叫作“赶五穷”（智穷、学穷、文穷、命穷、交穷）的风俗，黎明即起，放鞭炮、打扫卫生，表达了劳动人民辟邪除灾、迎祥纳福的美好愿望。

破五那天的鞭炮寓意着将一切不吉利的东西、一切妖魔都轰出去。尤其放“二踢脚”（两响）称“崩穷”，预示着可以把“晦气”“穷气”从家中崩走。

注意：一般民间在这天忌串亲访友，也不准串门，据说走亲戚会把晦气带到别人家。

13.元宵节

正月是农历的元月，古人称夜为“宵”，所以把一年中第一个月圆之夜正月十五称为元宵节。

元宵节的习俗始于两千多年前的秦朝。

汉文帝时，将正月十五定为元宵节。

汉武帝时，“太一神”祭祀活动定在正月十五（太一：主宰宇宙一切之神）。

司马迁创建“太初历”时，就将元宵节确定为重大节日。

元宵节的传统习俗有出门赏月、燃灯放焰、猜灯谜、吃元宵、拉兔子灯等。此外，不少地方的元宵节还增加了耍龙灯、耍狮子、踩高跷、划旱船、扭秧歌、打太平鼓等传统民俗表演。

六、居家安全

1.警惕食物中毒

准备饭菜时，因生熟交叉污染或未烧熟煮透，或是当天吃不完，隔天又未再彻底加热，都有可能引起以呕吐、腹痛、腹泻为主要症状的食物中毒。

2.饮食要均衡

注意饮食卫生，要细嚼慢咽，不要暴饮暴食。要少吃油腻的食品，少饮酒，多吃些蔬菜和适量的粮食，让吃进去的营养达到相对平衡，其代谢产物达到酸碱平衡，防止出现高血脂、体重骤增及其他不良后果。

3.切忌过量饮酒

访亲探友饮酒适量，防止因酒后失态及行为失控，而发生意外。

饮少量低度酒一般不会产生明显的健康损害，但饮酒过量或酗酒则会出现语无伦次、行动不稳、意志失控等酒精中毒症状以及“乐极生悲”的不良后果。注意酒后不能驾车。

4.远离传染病

春节正值感冒、病毒性肝炎易发季节，而现今大多数家庭都没有使用公筷的习惯，餐具也不能做到顿顿消毒，在频繁的交叉接触中，这些病毒可以通过食品、食具以及唾沫等传播。

5.燃放烟花爆竹应以安全第一

购买烟花爆竹时应选择合法的销售网点，一次不要购买太多。不购买、燃放摔炮、拉炮、砸炮等危险性大的烟花爆竹。

不要在禁放区和禁止燃放的时间燃放烟花爆竹。严格按照产品说明燃放烟花爆竹。不要向行人、车辆、建筑物等投掷点燃的烟花爆竹。

在家燃放烟花爆竹的时候，要注意选择一个宽敞的地方，注意周围是否有易燃易爆物品，同时更要注意燃放中的安全问题。

儿童在燃放烟花爆竹时要有成人监护。万一出现异常情况，不要马上靠拢爆竹，等明确原因，等待一段时间后再处理。

6.防盗

家里不要存放大量现金。

对上门维修、送货的人要问明身份。

家长要教育小孩不要轻易给陌生人开门，当遇到陌生人在住所周围徘徊时，要多加小心。

7.用电安全

春节期间大功率电器使用机会较多，安全用电是需要迫切关注的问题。

不要让孩子随意乱动电线，避免事故发生。

检查一下家用电器是否有漏电、老化的现象，以免对老人和小孩构成威胁。

对于取暖器材做到人离电断。

8.防煤气中毒

在雨雪冰冻的恶劣天气，家中使用煤炉、燃气炉等设备做饭或取暖时，一定要注意通风换气。

要经常查看煤气、液化气管道、阀门等，防止泄漏。

尽量避免在封闭空间内烤炭取暖和吃炭火锅。

外出或睡觉前，应确保燃气阀门关紧。

结语
致新的一年

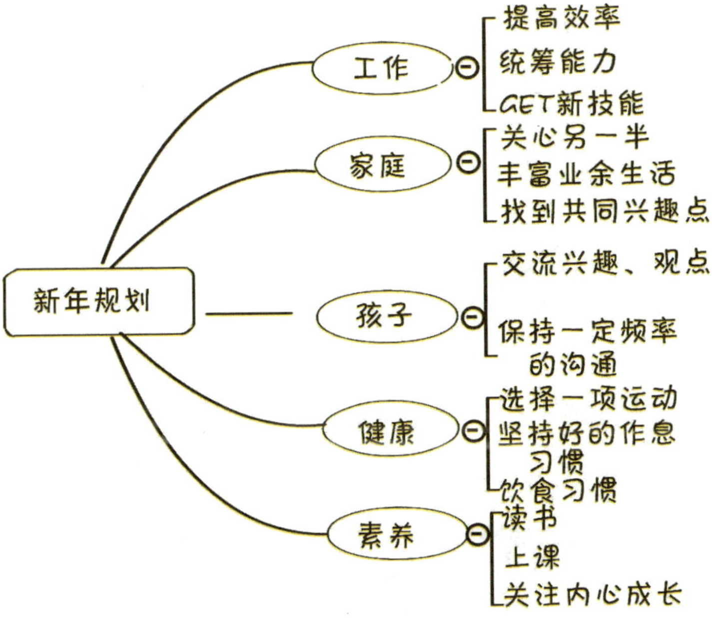

来自生活和工作的压力常会蒙住我们的双眼，令我们忙碌而找不到方向。短暂的春节团聚过后，我们每个人都将迎来一个全新的开始。为了使自己在新的一年里有更大的进步和成绩，新的一年，给自己列个规划吧。

你的新年规划

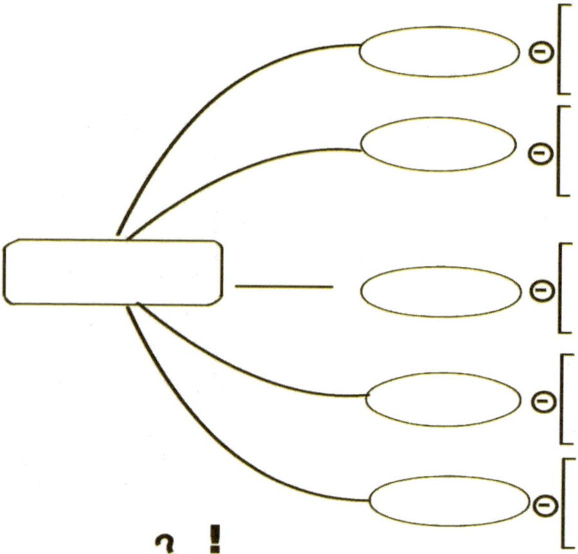

附录 1：常用应急电话一览表

报警求助	110	中国电信综合服务	10000
火警	119	中国联通客服热线	10010
医疗救护	120	中国联通话费查询	10011
道路交通事故	122	中国铁通客服热线	10050
水上求救	12395	中国网通客服热线	10060
天气预报	121	中国移动客服热线	10086
报时服务	117	中国电信 IP 电话卡	17900
国际人工长途电话	103	中国联通 IP 电话卡	17911
国际直拨受话人付费电话	108	中国移动 IP 电话卡	17951
国内邮政编码查询	184	电话及长途区号查询	114
国内邮政特快专递	11185	市话障碍自动受理	112
森林火警	95119	消费者申诉举报电话	12315
红十字会急救台	999	价格监督举报	12358
供电局	95598	质量监督电话	12365
文化市场综合执法	12318	机构编制违规举报电话	12310
税务局通用电话	12366	环保局监督电话	12369

附录 2：48 种常见的电信诈骗手法

1. QQ 冒充好友诈骗

利用木马程序盗取对方 QQ 密码，截取对方聊天视频资料，熟悉对方情况后，冒充该 QQ 账号主人对其 QQ 好友以“患重病”“出车祸”“急需用钱”等紧急事情为由实施诈骗。

2. QQ 冒充公司老总诈骗

犯罪分子通过搜索财务人员 QQ 群，以“会计资格考试大纲文件”等为诱饵发送木马病毒，盗取财务人员使用的 QQ 号码，并分析研判出财务人员老板的 QQ 号码，再冒充公司老板向财务人员发送转账汇款指令。

3. 微信冒充公司老总诈骗财务人员

犯罪分子通过技术手段获取公司内部人员情况，复制公司老总微信昵称和头像图片，伪装成公司老总添加财务人员微信实施诈骗。

4. 微信伪装身份诈骗

犯罪分子利用微信“附近的人”查看周围朋友情况，伪装成“高富帅”或“白富美”，加为好友骗取感情和信任后，随即以资金紧张、家人有难等各种理由骗取钱财。

5. 微信假冒代购诈骗

犯罪分子在微信朋友圈假冒正规微商，以优惠、打折、海外代购等为诱饵，待买家付款后，又以“商品被海关扣下，要加缴关税”等为由要求加付款项，一旦获取购货款则失去联系。

6. 微信发布虚假爱心传递诈骗

犯罪分子将虚构的寻人、扶困帖子以“爱心传递”方式发布在朋友圈里，引起善良网民转发，实则帖内所留联系方式绝大多数为外地号码，打过去不是吸费电话就是电信诈骗。

7. 微信点赞诈骗

犯罪分子冒充商家发布“点赞有奖”信息，要求参与者将姓名、电话等个人资料发至微信平台，一旦商家套取完足够的个人信息后，即以“手续费”“公证费”“保证金”等形式实施诈骗。

8. 微信盗用公众账号诈骗

犯罪分子盗取商家公众账号后，发布“诚招网络兼职，帮助淘宝卖家刷信誉，可从中赚取佣金”的推送消息。受害人信以为真，遂按照对方要求多次购物刷信誉，后发现上当受骗。

9. 虚构色情服务诈骗

犯罪分子在互联网上留下提供色情服务的电话，待受害人与之联系后，称需先付款才能上门提供服务，受害人将钱打到指定账户后发现被骗。

10. 虚构车祸诈骗

犯罪分子虚构受害人亲属或朋友遭遇车祸，需要紧急处理交通事故为由，要求对方立即转账。当事人因情况紧急便按照嫌疑人指示将钱款打入指定账户。

11. 电子邮件中奖诈骗

通过互联网发送中奖邮件，受害人一旦与犯罪分子联系兑奖，即以“个人所得税”“公证费”“转账手续费”等各种理由要求受害人汇钱，达到诈骗目的。

12. 冒充知名企业中奖诈骗

犯罪分子冒充三星、索尼、海尔等知名企业名义，预先大批量印刷精美的虚假中奖刮刮卡，通过信件邮寄或雇人投递发送，后以需交手续费、保证金或个人所得税等各种借口，诱骗受害人向指定银行账号汇款。

13. 娱乐节目中奖诈骗

犯罪分子以“我要上春晚”“非常6+1”“中国好声音”等热播节目组的名义向受害人手机群发短消息，称其已被抽选为节目幸运观众，将获得巨额奖品，后以需交手续费、保证金或个人所得税等各种借口实施连环诈骗，诱骗受害人向指定银行账号汇款。

14. 冒充公检法电话诈骗

犯罪分子冒充公检法工作人员拨打受害人电话，以事主身份信息被盗用涉嫌洗钱等犯罪为由，要求将其资金转入国家账户配合调查，从而实施诈骗。

15. 冒充房东短信诈骗

犯罪分子冒充房东群发短信，称房东银行卡已换，要求将租金打入其他指定账户内，部分租客信以为真将租金转出方知受骗。

16. 虚构绑架诈骗

犯罪分子虚构事主亲友被绑架，如要解救人质需立即打款到指定账户并不能报警，否则撕票。当事人往往因情况紧急，不知所措，按照嫌疑人指示将钱款打入指定账户。

17. 虚构手术诈骗

犯罪分子虚构受害人子女或老人突发急病需紧急手术为由，要求事主转账方可治疗。遇此情况，受害人往往心急如焚，按照嫌疑人指示转账。

18. 电话欠费诈骗

犯罪分子冒充通信运营企业工作人员，向事主拨打电话或直接播放电脑语音，以其电话欠费为由，要求将欠费资金转到指定账户。

19. 电视欠费诈骗

犯罪分子冒充电视台工作人员群拨电话，称以受害人名义在外地开办的有线电视欠费，让受害人向指定账户补齐欠费，否则将停用受害人本地的有线电视并罚款，部分人信以为真，转款后发现被骗。

20. 退款诈骗

犯罪分子冒充淘宝等公司客服拨打电话或者发送短信谎称受害人拍下的货品缺货，需要退款，要求购买者提供银行卡号、密码等信息，实施诈骗。

21. 购物退税诈骗

犯罪分子事先获取到事主购买房产、汽车等信息后，以税收政策调整，可办理退税为由，诱骗事主到 ATM 上实施转账操作，将卡内存款转入骗子指定账户。

22. 网络购物诈骗

犯罪分子开设虚假购物网站或淘宝店铺，一旦事主下单购买商品，便称系统故障，订单出现问题，需要重新激活。随后，通过 QQ 发送虚假激活网址，受害人填写好淘宝账号、银行卡号、密码及验证码后，卡上金额即被划走。

23. 低价购物诈骗

犯罪分子通过互联网、手机短信发布二手车、二手电脑、海关没收的物品等转让信息，一旦事主与其联系，即以“缴纳定金”“交易税手续费”等方式骗取钱财。

24. 办理信用卡诈骗

犯罪分子通过报纸、邮件等刊登可办理高额透支信用卡的广告，一旦事主与其联系，犯罪分子则以“手续费”“中介费”“保证金”等虚假理由要求事主连续转款。

25. 刷卡消费诈骗

犯罪分子群发短信，以事主银行卡消费，可能泄露个人信息为由，冒充银联中心或公安民警连环设套，要求将银行卡中的钱款转入所谓的“安全账户”或套取银行账号、密码从而实施犯罪。

26. 包裹藏毒诈骗

犯罪分子以事主包裹内被查出毒品为由，称其涉嫌洗钱犯罪，要求事主将钱转到国家安全账户以便公正调查，从而实施诈骗。

27. 快递签收诈骗

犯罪分子冒充快递人员拨打事主电话，称其有快递需要签收但看不清具体地址、姓名，需提供详细信息便于送货上门。随后，快递公司人员将送上物品（假烟或假酒），一旦事主签收后，犯罪分子再拨打电话称其已签收必须付款，否则讨债公司或黑社会将找麻烦，从而实施诈骗。

28. 医保、社保诈骗

犯罪分子冒充社保、医保中心工作人员，谎称受害人医保、社保出现异常，可能被他人冒用、透支，涉嫌洗钱、制贩毒等犯罪，之后冒充司法机关工作人员以公正调查、便于核查为由，诱骗受害人向所谓的“安全账户”汇款实施诈骗。

29. 补助、救助、助学金诈骗

犯罪分子冒充民政、残联等单位工作人员，向残疾人员、困难群众、学生家长打电话、发短信，谎称可以领取补助金、救助金、助学金，要其提供银行卡号，然后以资金到账查询为由，指令其在自动取款机上进入英文界面操作，将钱转走。

30. 引诱汇款诈骗

犯罪分子以群发短信的方式直接要求对方向某个银行账户汇款，由于事主正准备汇款，因此收到此类汇款诈骗信息后，往往未经仔细核实，即把钱款打入骗子账户。

31. 贷款诈骗

犯罪分子通过群发信息，称其可为资金短缺者提供贷款，月息低，无须担保。一旦事主信以为真，对方即以预付利息、保证金等名义实施诈骗。

32. 收藏诈骗

犯罪分子冒充各类收藏协会的名义，印制邀请函邮寄各地，称将举办拍卖会并留下联络方式。一旦事主与其联系，则以预先缴纳评估费、保证金、场地费等名义，要求受害人将钱转入指定账户。

33. 机票改签诈骗

犯罪分子冒充航空公司客服以“航班取消、提供退票、改签服务”为由，诱骗购票人员多次进行汇款操作，实施连环诈骗。

34. 重金求子诈骗

犯罪分子谎称愿意出重金求子，引诱受害人上当，之后以诚意金、检查费等各种理由实施诈骗。

35. PS 图片实施诈骗

犯罪分子收集公职人员照片，使用电脑合成淫秽图片，并附上收款卡号邮寄给受害人，勒索钱财。

36. “猜猜我是谁”诈骗

犯罪分子获取受害者的电话号码和机主姓名后，打电话给受害者，让其“猜猜我是谁”，随后根据受害者所述冒充熟人身份，并声称要来看望受害者。随后，编造其被“治安拘留”“交通肇事”等理由，向受害者借钱，一些受害人没有仔细核实就把钱打入犯罪分子提供的银行卡内。

37. 冒充黑社会敲诈类诈骗

犯罪分子先获取事主身份、职业、手机号等资料，拨打电话自称黑社会人员，受人雇用要对事主加以伤害，但事主可以破财消灾，然后提供账号要求事主汇款。

38. 提供考题诈骗

犯罪分子针对即将参加考试的考生拨打电话，称能提供考题或答案，不少考生急于求成，事先将好处费的首付款转入指定账户，后发现被骗。

39. 高薪招聘诈骗

犯罪分子通过群发信息，以月工资数万元的高薪招聘某类专业人士为幌子，要求事主到指定地点面试，随后以培训费、服装费、保证金等名义实施诈骗。

40. 复制手机卡诈骗

犯罪分子群发信息，称可复制手机卡，监听手机通话信息，不少人因个人需求主动联系嫌疑人，继而被对方以购买复制卡、预付款等名义骗走钱财。

41. 钓鱼网站诈骗

犯罪分子以网上银行升级为由，要求事主登录假冒银行的钓鱼网站，进而获取事主银行账户、网上银行密码及手机交易码等信息实施诈骗。

42. 解除分期付款诈骗

犯罪分子通过专门渠道购买购物网站的买家信息，再冒充购物网站的工作人员，声称“由于银行系统错误原因，买家一次性付款变成了分期付款，每个月都得支付相同费用”，之后再冒充银行工作人员诱骗受害人到 ATM 前办理解除分期付款手续，实则实施资金转账。

43. 订票诈骗

犯罪分子利用门户网站、旅游网站、百度搜索引擎等投放广告，制作虚假的网上订票公司网页，发布订购机票、火车票等虚假信息，以较低票价引诱受害人上当。随后，再以“身份信息不全”“账号被冻”“订票不成功”等理由要求事主再次汇款，从而实施诈骗。

44. ATM 告示诈骗

犯罪分子预先堵塞 ATM 出卡口，并在 ATM 上粘贴虚假服务热线告示，诱使银行卡用户在卡“被吞”后与其联系，套取密码，待用户离开后到 ATM 取出银行卡，盗取用户卡内现金。

45. 伪基站诈骗

犯罪分子利用伪基站向广大群众发送网上银行升级、10086 移动商城兑换现金的虚假链接，一旦受害人点击后便在其手机上植入获取银行账号、密码和手机号的木马，从而进一步实施犯罪。

46. 金融交易诈骗

犯罪分子以某某证券公司名义通过互联网、电话、短信等方式散布虚假个股内幕信息及走势，获取事主信任后，又引导其在自身搭建的虚假交易平台上购买期货、现货，从而骗取事主资金。

47. 兑换积分诈骗

犯罪分子拨打电话谎称受害人手机积分可以兑换智能

手机，如果受害人同意兑换，对方就以补足差价等理由要求先汇款到指定账户；或者发短信提醒受害人信用卡积分可以兑换现金等，如果受害人按照提供的网址输入银行卡号、密码等信息后，银行卡内的资金即被转走。

48. 二维码诈骗

犯罪分子以降价、奖励为诱饵，要求受害人扫描二维码加入会员，实则附带木马病毒。一旦扫描安装，木马就会盗取受害人的银行账号、密码等个人隐私信息。

（资料来源：公安部官方微博）

附录 3：2017 年日历

JANUARY 一月

日	一	二	三	四	五	六
1 元旦	2 初五	3 初六	4 初七	5 小寒	6 初九	7 初十
8 十一	9 十二	10 十三	11 十四	12 十五	13 十六	14 十七
15 十八	16 十九	17 二十	18 廿一	19 廿二	20 大寒	21 廿四
22 廿五	23 廿六	24 廿七	25 廿八	26 廿九	27 三十	28 春节
29 初二	30 初三	31 初四				

FEBRUARY 二月

日	一	二	三	四	五	六
			1 初五	2 初六	3 立春	4 初八
5 初九	6 初十	7 十一	8 十二	9 十三	10 十四	11 十五
12 十六	13 十七	14 十八	15 十九	16 二十	17 廿一	18 雨水
19 廿三	20 廿四	21 廿五	22 廿六	23 廿七	24 廿八	25 廿九
26 二月	27 初二	28 初三				

MARCH 三月

日	一	二	三	四	五	六
			1 初四	2 初五	3 初六	4 初七
5 惊蛰	6 初九	7 初十	8 十一	9 十二	10 十三	11 十四
12 十五	13 十六	14 十七	15 十八	16 十九	17 二十	18 廿一
19 廿二	20 春分	21 廿四	22 廿五	23 廿六	24 廿七	25 廿八
26 廿九	27 三十	28 三月	29 初二	30 初三	31 初四	

APRIL 四月

日	一	二	三	四	五	六
						1 初五
2 初六	3 初七	4 清明	5 初九	6 初十	7 十一	8 十二
9 十三	10 十四	11 十五	12 十六	13 十七	14 十八	15 十九
16 二十	17 廿一	18 廿二	19 廿三	20 谷雨	21 廿五	22 廿六
23 廿七 30 三十	24 廿八	25 廿九	26 四月	27 初二	28 初三	29 初四

MAY 五月

日	一	二	三	四	五	六
	1 劳动节	2 初七	3 初八	4 初九	5 立夏	6 十一
7 十二	8 十三	9 十四	10 十五	11 十六	12 十七	13 十八
14 十九	15 二十	16 廿一	17 廿二	18 廿三	19 廿四	20 廿五
21 小满	22 廿七	23 廿八	24 廿九	25 三十	26 五月	27 初二
28 初三	29 初四	30 端午节	31 初六			

JUNE 六月

日	一	二	三	四	五	六
				1 儿童节	2 初八	3 初九
4 初十	5 芒种	6 十二	7 十三	8 十四	9 十五	10 十六
11 十七	12 十八	13 十九	14 二十	15 廿一	16 廿二	17 廿三
18 廿四	19 廿五	20 廿六	21 夏至	22 廿八	23 廿九	24 六月
25 初二	26 初三	27 初四	28 初五	29 初六	30 初七	

JULY 七月

日	一	二	三	四	五	六
						1 建党节
2 初九	3 初十	4 十一	5 十二	6 十三	7 小暑	8 十五
9 十六	10 十七	11 十八	12 十九	13 二十	14 廿一	15 廿二
16 廿三	17 廿四	18 廿五	19 廿六	20 廿七	21 廿八	22 大暑
23 闰六月 / 30 初八	24 初二 / 31 初九	25 初三	26 初四	27 初五	28 初六	29 初七

AUGUST 八月

日	一	二	三	四	五	六
		1 建军节	2 十一	3 十二	4 十三	5 十四
6 十五	7 立秋	8 十七	9 十八	10 十九	11 二十	12 廿一
13 廿二	14 廿三	15 廿四	16 廿五	17 廿六	18 廿七	19 廿八
20 廿九	21 三十	22 七月	23 处暑	24 初三	25 初四	26 初五
27 初六	28 初七	29 初八	30 初九	31 初十		

SEPTEMBER 九月

日	一	二	三	四	五	六
					1 十一	2 十二
3 十三	4 十四	5 十五	6 十六	7 白露	8 十八	9 十九
10 二十	11 廿一	12 廿二	13 廿三	14 廿四	15 廿五	16 廿六
17 廿七	18 廿八	19 廿九	20 八月	21 初二	22 初三	23 秋分
24 初五	25 初六	26 初七	27 初八	28 初九	29 初十	30 十一

OCTOBER 十月

日	一	二	三	四	五	六
1 国庆节	2 十三	3 十四	4 中秋节	5 十六	6 十七	7 十八
8 寒露	9 二十	10 廿一	11 廿二	12 廿三	13 廿四	14 廿五
15 廿六	16 廿七	17 廿八	18 廿九	19 三十	20 九月	21 初二
22 初三	23 霜降	24 初五	25 初六	26 初七	27 初八	28 初九
29 初十	30 十一	31 十二				

NOVEMBER 十一月

日	一	二	三	四	五	六
			1 十三	2 十四	3 十五	4 十六
5 十七	6 十八	7 立冬	8 二十	9 廿一	10 廿二	11 廿三
12 廿四	13 廿五	14 廿六	15 廿七	16 廿八	17 廿九	18 十月
19 初二	20 初三	21 初四	22 小雪	23 初六	24 初七	25 初八
26 初九	27 初十	28 十一	29 十二	30 十三		

DECEMBER 十二月

日	一	二	三	四	五	六
					1 十四	2 十五
3 十六	4 十七	5 十八	6 十九	7 大雪	8 廿一	9 廿二
10 廿三	11 廿四	12 廿五	13 廿六	14 廿七	15 廿八	16 廿九
17 三十	18 十一月	19 初二	20 初三	21 初四	22 冬至	23 初六
24 初七 / 31 十四	25 初八	26 初九	27 初十	28 十一	29 十二	30 十三

图书在版编目（CIP）数据

平安返乡随行手册 /《平安返乡随行手册》编写组编.
—北京：中国工人出版社，2016.11

ISBN 978-7-5008-6581-0

Ⅰ.①平… Ⅱ.①平… Ⅲ.①民工—社会生活—中国
—问题解答 Ⅳ.①D669.2-44

中国版本图书馆CIP数据核字（2016）第279067号

平安返乡随行手册

出 版 人 / 芮宗金
责任编辑 / 李素素
责任校对 / 赵贵芬
责任印制 / 栾征宇

出版发行：中国工人出版社
地　　址：北京市东城区鼓楼外大街45号　邮编：100120
网　　址：http://www.wp-china.com
电　　话：（010）62005043（总编室）
（010）62005039（出版物流部）
（010）62382916（职工教育分社）
发行热线：（010）62005996（010）82075964（传真）
经　　销：各地书店
印　　刷：北京睿特印刷厂

开　　本：787毫米×1092毫米　1/32　**印张**：4.75　**字 数**：30千字
版　　次：2016年12月第1版　　**印次**：2016年12月第1次印刷
定　　价：18.00元